Niños en la Tierra

Aventuras de vida Silvestre - Explora el Mundo
Arctic Fox - Iceland

Sensei Paul David

Página De Derechos De Autor

Niños en la Tierra: Aventuras de vida Silvestre - Explora el Mundo

Arctic Fox - Iceland

por Sensei Paul David,

Copyright © 2024.

Todos los derechos reservados.

978-1-77848-588-6

KoE_Wildlife_Spanish_PaperbackBook_Ingram_IcelandArticFox Active

978-1-77848-587-9

KoE_Wildlife_Spanish_PaperbackBook_Amazon_IcelandArticFox Active

978-1-77848-586-2

KoE_Wildlife_Spanish_eBook_Amazon_IcelandArticFox

Este libro no está autorizado para su distribución y copia gratuita.

www.senseipublishing.com

@senseipublishing

#senseipublishing

Synopsis

Este libro es una colección de 30 datos únicos y divertidos sobre el zorro ártico en Islandia. Desde su dieta y comportamiento hasta su hábitat y más, el libro proporciona una visión de la vida de estas criaturas increíbles. Cubre temas como el color de su pelaje, dieta, hábitat y más, y ofrece hechos interesantes sobre el zorro ártico y su importancia en la cultura islandesa. Ya seas niño de 6 o 12 años, este libro es la forma perfecta de aprender más sobre el zorro ártico. ¡Así que sumerjámonos y exploremos estos fascinantes animales!

¡Obtenga nuestros libros GRATIS ahora!

kidsonearth.life

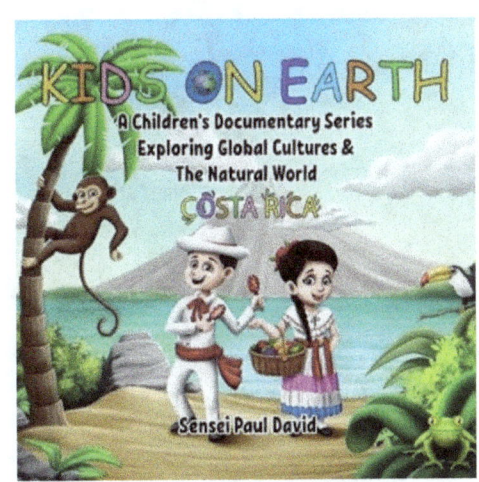

kidsonearth.world

Haga clic a continuación o busque en Amazon otro libro de cada serie o visite:

¡Únete a nuestro viaje editorial!

Si desea recibir LIBROS GRATIS FUTUROS,Y conocernos mejor,Por favor, haga clic en el enlace www.senseipublishing.com Y únete a nuestro boletín ingresando tu dirección de correo electrónico en la caja emergente.

Sigue nuestro blog: senseipauldavid.ca

Sigue/Me gusta/Suscribirse: Facebook, Instagram, YouTube: @senseipublishing

Escanee el código QR con su teléfono o tableta
para seguirnos en las redes sociales: Me gusta / Suscríbete / Síguenos

Introducción

¡Bienvenido al mundo del Zorro Ártico! Este libro es una colección de 30 datos únicos y divertidos sobre el Zorro Ártico en Islandia. Desde su dieta y comportamiento hasta su hábitat y más, este libro seguramente te enseñará algo nuevo sobre estas increíbles criaturas. Ya sea que tengas 6 o 12 años, este libro es la forma perfecta de aprender más sobre el Zorro Ártico. ¡Así que sumérgete y explora estos fascinantes animales!

El Zorro Ártico es un pequeño zorro blanco nativo de las regiones árticas del hemisferio norte, incluyendo Islandia.

El Zorro Ártico se alimenta principalmente de lemmings, topillos, aves, huevos, peces e insectos.

El Zorro Ártico tiene un grueso pelaje para ayudarlo a mantenerse caliente en su frío entorno.

El Zorro Ártico tiene una cola gruesa que lo ayuda a mantener el equilibrio al caminar sobre la nieve y el hielo.

El Zorro Ártico tiene una increíble habilidad de oír y localizar a su presa hasta a 1km de distancia.

El Zorro Ártico tiene una adaptación única de cambiar el color de su pelaje a blanco en el invierno y marrón en el verano para mezclarse mejor con su entorno.

El Zorro Ártico es un excelente cazador y es capaz de capturar presas incluso bajo la espesa nieve.

El Zorro Ártico es un animal solitario y generalmente vive solo.

El Zorro Ártico tiene orejas pequeñas que ayudan a minimizar la pérdida de calor.

El Zorro Ártico tiene una gran tasa de reproducción y puede tener hasta 10-12 crías en una camada.

Son cazadores solitarios y no dependen de tácticas de manada para atrapar presas.

El Zorro Ártico es un animal muy adaptable y puede sobrevivir incluso en áreas con muy poco alimento.

El Zorro Ártico es una parte importante de la cultura islandesa y ha sido retratado en muchas historias y leyendas tradicionales.

El Zorro Ártico es un depredador importante en su entorno y ayuda a mantener el equilibrio de las poblaciones de otros animales.

Se sabe que el Zorro Ártico viaja hasta 30km en un solo día en busca de alimento.

El Zorro Ártico es un animal muy curioso y a menudo investigará todo lo nuevo en su entorno.

El Zorro Ártico tiene un pelaje grueso y es capaz de soportar temperaturas tan bajas como -58 grados Fahrenheit.

El Zorro Ártico tiene un excelente sentido del olfato y puede detectar alimento hasta a 1 milla de distancia.

El Zorro Ártico es un animal inteligente y se sabe que usa herramientas para encontrar comida.

El Zorro Ártico es un animal nómada y viajará grandes distancias en busca de comida.

El Zorro Ártico es increíblemente ágil y puede saltar hasta seis pies en el aire.

El Zorro Ártico es un tema popular para fotógrafos de vida silvestre, quienes a menudo hacen grandes esfuerzos para obtener la toma perfecta.

El Zorro Ártico es una especie protegida en Islandia y es estrictamente monitoreado por las autoridades.

El Zorro Ártico es un símbolo de resiliencia, siendo capaz de sobrevivir en uno de los entornos más difíciles de la Tierra.

El Zorro Ártico juega un papel importante en la ecología local y ayuda a mantener el equilibrio de la cadena alimenticia.

El Zorro Ártico es una parte importante de la economía islandesa y es cazado por su piel.

El Zorro Ártico tiene una habilidad única de almacenar grasa en su cola, lo que lo ayuda a sobrevivir largos períodos sin comida.

El Zorro Ártico es un animal leal y ha habido reportes de zorros que se quedan con sus dueños durante muchos años.

El Zorro Ártico es un animal amigable y se sabe que es muy curioso y se acerca a los humanos.

El Zorro Ártico es un animal hipnotizante y ver sus movimientos en la nieve es una experiencia inolvidable.

Conclusión

El Zorro Ártico es una criatura fascinante llena de sorpresas. Desde su dieta y comportamiento hasta su hábitat y más, este libro te ha enseñado 30 datos únicos y divertidos sobre el Zorro Ártico en Islandia. Esperamos que hayas disfrutado aprendiendo más sobre estos increíbles animales y que te sientas inspirado para seguir aprendiendo más.

Gracias por leer este libro!

Si encontraste este libro útil, estaría agradecido si publicaras una reseña honesta en Amazon para que este libro pueda llegar y ayudar a otras personas.

Todo lo que necesitas hacer es visitar amazon.com/author/senseipauldavid Haga clic en la portada correcta del libro y haga clic en el enlace azul junto a las estrellas amarillas que dice "reseñas de clientes"

Como siempre...

Es un gran día para estar vivo!

¡Comparta nuestros libros electrónicos GRATIS ahora!

kidsonearth.life

kidsonearth.world

Haga clic a continuación o busque en Amazon otro libro de cada serie o visite:

www.amazon.com/author/senseipauldavid

Mira nuestras **recomendaciones** para otros libros para adultos y niños, además de otros grandes recursos visitando.

www.senseipublishing.com/resources/

Únete a nuestro viaje editorial!

Si desea recibir LIBROS GRATIS, ofertas especiales, visite por favor.

www.senseipublishing.com Y únete a nuestro boletín ingresando tu dirección de correo electrónico en la caja emergente

Sigue nuestro atractivo blog AHORA!

senseipauldavid.ca

Consigue nuestros libros GRATIS hoy!

Haz clic y comparte los enlaces a continuación

Libros gratis para niños

lifeofbailey.com

kidsonearth.world

Libro de auto-desarrollo GRATIS

senseiselfdevelopment.senseipublishing.com

BONO GRATIS!!!

Experimenta más de 25 meditaciones guiadas gratuitas y entretenidas!

Habilidades y prácticas preciadas para adultos y niños. Ayuda a restaurar el sueño profundo, reducir el estrés, mejorar la postura, navegar la incertidumbre y más.

Descargue la aplicación gratuita Insight Timer y haga clic en el enlace a continuación:
http://insig.ht/sensei_paul

Si te gustan estas meditaciones y quieres profundizar, envíame un correo electrónico para una sesión de coaching en vivo GRATIS de 30 minutos:
senseipauldavid@senseipublishing.com

Acerca de Sensei Publishing

Sensei Publishing se compromete a ayudar a las personas de todas las edades a transformarse en mejores versiones de sí mismas proporcionando libros de autodesarrollo de alta calidad y basados en investigaciones con énfasis en la salud mental y meditaciones guiadas. Sensei Publishing ofrece libros electrónicos, audiolibros, libros de bolsillo y cursos en línea bien escritos que simplifican temas complicados pero prácticos en línea con su misión de inspirar a las personas hacia una transformación positiva.

Es un gran día para estar vivo!

Sobre el autor

Creo libros electrónicos y meditaciones guiadas simples y transformadoras para adultos y niños, probadas para ayudar a navegar la incertidumbre, resolver problemas específicos y acercar a las familias.

Soy un ex gerente de proyectos financieros, piloto privado, instructor de jiu-jitsu, músico y ex entrenador de fitness de la Universidad de Toronto. Prefiero un enfoque basado en la ciencia para enfocarme en estas y otras áreas de mi vida para mantenerme humilde y hambriento de evolucionar. Espero que disfrutes mi trabajo y me encantaría escuchar tus comentarios.

- Es un gran día para estar vivo!
Sensei Paul David

Escanea y sigue/me gusta/suscribete: Facebook, Instagram, YouTube: @senseipublishing

Escanea con la cámara de tu teléfono/iPad para las redes sociales

Visítanos www.senseipublishing.com Y regístrate a nuestro boletín para aprender más sobre nuestros emocionantes libros y para experimentar nuestras Meditaciones Guiadas GRATIS para Niños y Adultos.

www.ingramcontent.com/pod-product-compliance
Lightning Source LLC
Chambersburg PA
CBHW080611100526
44585CB00035B/2381